AF349797

12 DEC. 1887

14 V

VENTE APRÈS DÉCÈS DE M. G...

HOTEL DROUOT, SALLE N° 2

Les Lundi 12, Mardi 13 et Mercredi 14 Décembre 1887

BEAU MOBILIER

TABLEAUX & AQUARELLES MODERNES

Bronzes d'Art & d'Ameublement

12 kilog. d'Argenterie, Bijoux

TENTURES ET TAPIS DE SMYRNE

EXPOSITION PUBLIQUE

Dimanche, 11 Décembre 1887,

de 2 heures à 5 heures.

COMMISSAIRE-PRISEUR

Mᵉ LÉMON

3, rue Rossini, 3

EXPERT

M. B. LASQUIN

12, rue Laffitte, 12

CATALOGUE

D'UN

BEAU MOBILIER

Meubles de Salon de style Louis XVI, bureau Louis XV
Chambre à coucher en palissandre ciré
Salle à manger en bois noir, Meubles divers d'Antichamb
de Cabinet de Travail et de Cabinet de Toilette
Piano droit d'Érard, caisse de Fichet.

TABLEAUX ET AQUARELLES MODERNE

par Munkacsy, Clairin, Picou, Veyrassat,
Ph. Rousseau, Salmson, Toulmouche, Riccardi, H. Bellangé, De Marne, etc.

Bronzes d'Art et d'Ameublement

Statuette d'Arlequin, d'après Saint-Marceaux, Bronze de Barbedienne,
Flambeaux, Appliques cartel, etc.

Environ 12 kilogrammes d'Argenterie, Bijoux

Tentures et Sièges en velours de Gênes,
Trois Tapis de Smyrne, Rideaux, Literie, Linge, Garde-robe,
Vaisselle, Verrerie, 500 bouteilles de Vins

DONT LA VENTE AURA LIEU

par suite du décès de M. G...

HOTEL DROUOT, SALLE N° 2

Les Lundi 12, Mardi 13, Mercredi 14 décembre 1887

à 2 heures

par le ministère de M° **LÉMON**, commissaire-priseur, 3, rue Rossini,
assisté de **M. B. LASQUIN**, expert, 12, rue Laffitte,
Chez lesquels se trouve le présent Catalogue.

EXPOSITION PUBLIQUE

Le Dimanche 11 Décembre 1887, de 2 à 5 heures.

D 5417

CONDITIONS DE LA VENTE

Elle se fera au comptant.

Les acquéreurs payeront en sus des enchères *cinq pour cent*, applicables aux frais.

L'exposition mettant le public à même de se rendre compte de l'état des objets, il ne sera admis aucune réclamation une fois l'adjudication prononcée.

DÉSIGNATION DES OBJETS

TABLEAUX ET AQUARELLES

1 — BAUGNIET (1881). La Soubrette.
   L'indiscrète cherche à voir le contenu d'une lettre avant de la remettre.

2 — BELLANGÉ (1864). Grenadier de la Garde.

3 — CHARPENTIER (Attribué à). La jeune Mère.

4 — CLAIRIN (G.). Femme de harem et son esclave dressant des paons.

5 — CLAIRIN (G.). Femme orientale debout, tenant deux éventails. Belle aquarelle rehaussée d'or.

6 — CLAIRIN. Femme étendue sur une chaise longue Louis XV. Aquarelle.

7 — CHIRADE (Marie) 1886. Bocaux de prunes.

8 — COURBET (Attribué à). Le Cèdre. Paysage.

9 — COURBET (Signé). Étude d'homme. (Académie.)

10 — DE MARNE. La Partie de tric-trac.

Des militaires en costume Louis XIII et plusieurs jeunes femmes sont assis autour d'une table couverte d'un tapis d'Orient et font la partie ; deux autres soldats regardent une carte appendue au mur à droite.

A gauche, deux enfants ; l'un, affublé d'un casque, porte une épée, pendant que l'autre bat du tambour.

Tableau finement peint.

11 — DE PENNE (O.). Chasseur et cinq chiens au repos en forêt. Effet d'hiver.

12 — FLOURY. Route du chêne Pinguet, près la Mare-aux-Fées. Aquarelle.

13 — FORET. Nature morte. Chaudron, huîtres et maquereaux.

14 — FRANCK (École de). La Vierge, Jésus et saint Jean. Peinture sur cuivre.

15 — HUMBERT (F.). Sentinelle turque assise.

16 — H. D. B. (1851). Bateau de pêche échoué.

17 — JULIANA. Moine et laquais. Aquarelle.

18 — LECADRE (Alph.) 1874. Jeune Dame debout examinant un vase en porcelaine de Chine.

19 — LIÈVRE (Édouard), d'après H. Bellangé, 1847. Un Voltigeur. Dessin rehaussé.

20 — LUNA (Ch. de) 1850. Chasseur d'Afrique en campagne.

21 — MASSÉ (E.) 1852. Cavaliers arabes passant un gué.

22 — MUNKACSY. Tête d'Arabe.

De trois quarts à droite, la tête enveloppée d'un burnous rose.

Belle esquisse signée en haut, à droite.

23 — NEVEU. La Fileuse.

24 — PICOU (Henry). Courtisane romaine.

Elle est étendue accoudée sur un divan près d'un guéridon.

25 — PICOU (Henry). Jeune Dame romaine tenant une quenouille, assise au bord d'une terrasse donnant sur la mer.

Pendant du précédent.

26 — PICOU (Henry) 1872. Le Page indiscret.

27 — PICOU (Henry) 1875. Fête du Printemps.
Jeu d'enfants.

28 — PICOU (Henry). Les Naufragés.

29 — PROST (V.), d'après Henner. Nymphe endormie près d'un cours d'eau.

30 — RIBOT (Germain) 1873. Bouquet de fleurs.

31 — RICCARDI Repas champêtre.
Une joyeuse réunion composée de personnages en costume Louis XIII, de jeunes femmes et de moines sont réunis autour d'une table dressée sous les arbres.

32 — RICCARDI. Gentilhomme Louis XIII. Aquarelle.

33 — RICCARDI. En garde! Aquarelle.

34 — ROUSSEAU (Philippe) 1847. Nature morte.
Chou, céleris, perdrix et cruche de grés sur le bord d'une fenêtre de pierre ornée de sculpture.

35 — SALMSON. Jeune fille en buste coiffée d'un foulard bleu, les nattes de cheveux ramenées sur les épaules.

36 — TOULMOUCHE (1869). L'Attente.
Une jeune femme en robe mauve est dans l'attente appuyée sur un fauteuil.

37 — VAN DYCK (H. J.). La Tonte du caniche.

38 — VEYRASSAT (J.). Chevaux de hâlage.

Attelage de deux chevaux conduit par un paysan, monté sur un cheval blanc et parlant à un homme debout devant lui.

39 — VEYRASSAT (1887). Le Berger.

Un berger, assis au pied d'un arbre, allume sa pipe pendant que son chien veille sur le troupeau de moutons.

40 — ZIEM. Une Porte de jardin à Barbizon.

41 — **ÉCOLE MODERNE.** Femme nue couchée.

ARGENTERIE

42 — Beau légumier, avec couvercle et son plateau en argent repoussé et ciselé d'un beau modèle Louis XIV.

43 — Petit légumier, avec couvercle et plateau en argent repoussé du style Louis XIV.

44 — Petite cafetière de style Louis XV, en argent repoussé à rocaille et fleurs.

45 — Deux bouts de table et un moutardier de style Louis XV, en argent ciselé.

46 à 50 — Environ 12 kilogrammes d'argenterie : huillier, couverts de table, couverts à entremets, cuillers a café, louche, pince à asperges, pièces à hors-d'œuvre, etc.

51 à 56 — BIJOUX.

BRONZES

57 — Statuette d'Arlequin, d'après SAINT-MARCEAUX. Bronze de Barbedienne.

58 — Deux jolis flambeaux en bronze doré de style Louis XIV à figures supportant des cornes d'abondance.

59 — Deux lampes en émail cloisonné de la Chine fond bleu turquoise et jaune impérial, décorées de fleurs et d'arabesques.

60 — Deux appliques de style Louis XVI à trois lumières en bronze ciselé et doré.

61 — Deux petites girandoles à deux lumières de style Louis XVI, en bronze doré.

62 — Coupes en bronze, cristal et porcelaine.

63 — Lustre garni de cristaux.

64 — Pendule marbre noir, avec coupe cratère en bronze et deux candélabres à trois lumières.

65 — Pendule marbre noir surmontée d'un groupe bacchanale d'après CLODION.

66 — Deux flambeaux en bronze doré d'un joli
modèle Louis XV.

67 — Suspension en cuivre genre Renaissance,
avec lampe et neuf porte-bougies.

68 — Cartel de style Louis XVI, en bronze doré.

69 — Deux grands vases forme Louis XVI, en porcelaine de Saxe, décorés de sujets Watteau
peints et de guirlandes de lauriers en relie
avec rehauts d'or.

70 — Coupe ovale ajourée de même porcelaine.

71 — Deux grands vases en porcelaine de Canton.

MOBILIER

72 Bureau Louis XV de forme contournée, en bois
satiné, orné de chutes de sabots et de poignées
en bronze doré.

73 — Piano droit d'Érard, en bois noir (nº 50469).

74 — Tabouret de piano, avec dessus en broderie
de soie.

75 — Table de salon genre Louis XVI, en bois
noir, avec ceinture d'enroulements et de ro-
saces en bronze ciselé et doré au mat.

76 — Table à jouer de même style.

77 — Deux torchères figures de nègres indiens en
bois sculpté peint et rehaussé d'or.

78 — Lit de milieu en palissandre sculpté de style
Louis XVI.

79 — Armoire à glace formant chiffonnier sur les
côtés et palissandre de même style.

80 — Table de nuit en palissandre.

81 — Ameublemennt de salle à manger en bois noir, comprenant : un buffet vitré, une table et chaises garnies de maroquin rouge.

82 — Porte-parapluie, porte-manteau en bois noir.

83 — Quatre chaises légères de style Louis XVI, en bois doré, garnies de soie.

84 — Canapé, quatre fauteuils en drap rouge.

85 — Chaise coussin en drap bleu clair, à broderie orientale.

86 — Chaise longue capitonnée en peluche grenat et soie, garnie de franges.

87 — Grand fauteuil, style Louis XIII, en bois noir et imitation de tapisserie ancienne.

88 — Divan et deux fauteuils coussins, moquette orientale.

89 — Coffre-fort de Fichet.

90 — Bureau et meubles de cabinet de travail en acajou.

91 — Toilette en bois noir avec garniture de marbre.

RIDEAUX ET TAPIS DE SMYRNE

92 — Belle tenture de lit à baldaquin et rideaux en peluche rouge avec bordure velours gênois, à ornements sur fond vieil or.

93 — Deux rideaux de fenêtre de même étoffe.

94 — Parement de cheminée de même étoffe.

95 — Un petit fauteuil de même étoffe.

96 — Rideaux de fenêtre en drap bleu brodé à fleurs avec lambrequins de peluche et bandeau brodé.

97 — Tablette de cheminée de même étoffe.

98 — Grand Tapis de Smyrne à fond rouge; motif central et bordure en bleu et vert.

99 — Tapis de Smyrne à fond rouge.

100 — Tapis de Smyrne, dessin bleu et vert sur fond rouge.

101 — Tapis de fenêtre en drap bleu soutaché d'ornements, relevé à l'italienne avec bandeau.

VAISSELLE ET VERRERIE

102 — Service de table en porcelaine fine décorée
de fleurs et de filets d'or de chez Haviland.

103 — Service de verrerie en cristal.

LITERIE, RIDEAUX

LINGE, GARDE-ROBE,

500 BOUTEILLES DE VINS.

www.ingramcontent.com/pod-product-compliance
Lightning Source LLC
LaVergne TN
LVHW011024180726
843502LV00007B/2726